**Martine Doyon**

# Abécédaire

# Québec
# en photos

À mes deux complices
Ysé et André

M. D.

dominiqueetcompagnie.com

# Bonhomme

Tout l'été, il attend ! Le bonhomme Carnaval sortira cet hiver pour animer la fête !

# Acrobate

Au pied du Château Frontenac, l'acrobate fait rouler son cerceau pour amuser les passants.

# Citadelle

À l'attaque ! La citadelle défendait
la ville avec ses fortifications
et tous ses canons.

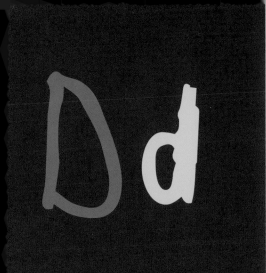

# Défilé

Dans le long défilé des géants,
il y en a un qu'on n'oublie pas : le poète et
chanteur Félix Leclerc, avec sa guitare !

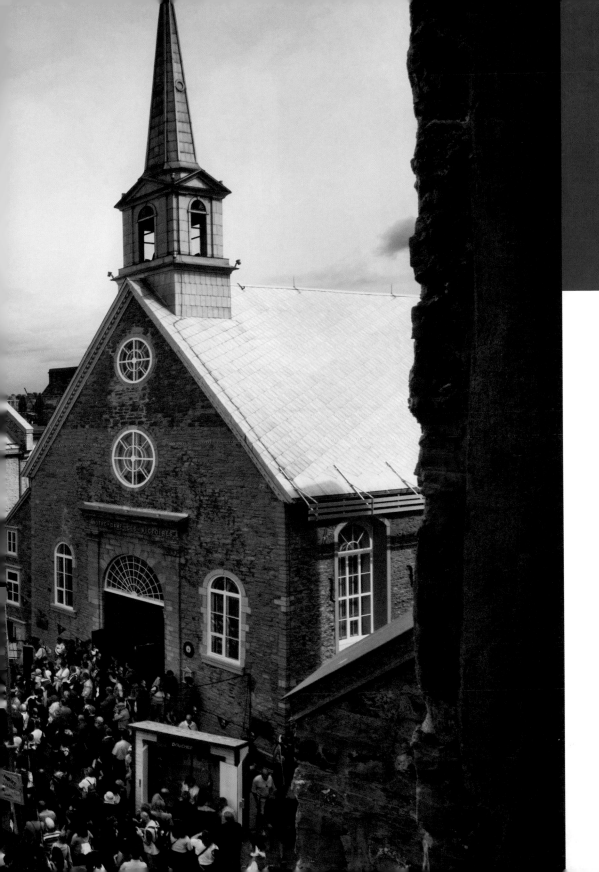

# Église

Sur la place Royale, l'église Notre-Dame-des-Victoires a survécu aux bombardements du siège de Québec. Elle a retrouvé sa beauté d'autrefois.

# Funiculaire

En quelques
minutes,
le funiculaire
relie directement
la Basse-ville
et la Haute-ville.

# Gare

Gare ou château ? Terminus, tout
le monde descend…
du train ou de
l'autobus ! Voici
la Gare du Palais.

# Hôtel du Parlement

Cet édifice imposant abrite l'Assemblée nationale du Québec. C'est le siège du gouvernement.

# Iris

Ce n'est pas la fleur de lys, mais bien l'iris versicolore qui est la fleur emblème du Québec.

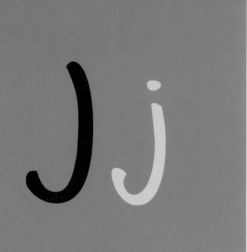

# Jardin

Pour fêter le 400e anniversaire
de la ville, des jardins éphémères
sur le bord du bassin Louise.

# Kayak

De petits bateaux très légers, très rapides, utilisés depuis longtemps par les Inuits.

# Ll

## Lampadaire

Un lampadaire,
ça fait de la lumière,
dix lampadaires,
ça fait rigolo !
C'est l'œuvre
de Franck
Bragigand,
un artiste
européen.

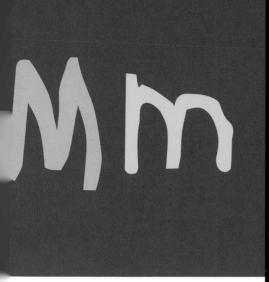

## Maison

Elles sont en
pierres grises
ou en bois peint,
blotties les unes
contre les autres
comme pour se
protéger du froid.

## Navire

Comme des palais
flottants, les navires
de plaisance
viennent s'amarrer
aux quais
de Québec.

# Pp

## Pont

Pas un pont, deux ponts, pour traverser le fleuve Saint-Laurent, long de 1000 kilomètres !

## Ours

Où habite l'ours polaire à Québec ? C'est au Parc Aquarium.

# Québec

Québec, la capitale du Québec. Dans la langue des Micmac, ce mot signifie « là où le cours d'eau se rétrécit ».

# Rempart

Les remparts protégeaient la ville contre les canons des envahisseurs. Québec est une ville fortifiée.

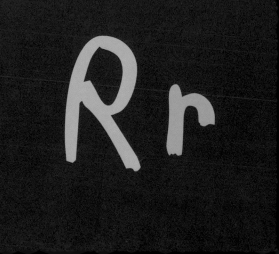

# Silo

Les silos à grains du port de Québec
servent d'écran géant
au Moulin à images.

# Traversier

Québec-Lévis : dix minutes de traversée,
pour deux millions de personnes
chaque année !

# Uniforme

Les cadets
de la division
Montcalm
ont revêtu
les uniformes
du 18$^e$ siècle
des Compagnies
franches
de la Marine.

U u

# Vélo

Les vélos montent et descendent les côtes, parfois ils grimpent même sur les façades !

# Wagon

En voiture tout le monde !
Un petit tour de train
sur les quais du port ?

# X

Deux grands X
pour un
beau bisou.

# Youville (Place d')

Elle s'appelait Marguerite d'Youville,
elle était religieuse et on a donné son nom
à cette belle place !

Zz

# Zigzag

De beaux zigzags
pour contourner
les remparts :
c'est la promenade
des Gouverneurs.
Bonne
promenade !

Catalogage avant publication de Bibliothèque et Archives nationales du Québec et Bibliothèque et Archives Canada

Doyon, Martine
Abécédaire Québec en photos
Pour enfants de 3 ans et plus.
ISBN 978-2-89512-764-2

1. Québec (Québec) – Ouvrages illustrés – Ouvrages pour la jeunesse. 2. Abécédaires – Ouvrages pour la jeunesse. I. Germain, Catherine. II. Titre.

FC2946.37.D69 2010    j971.4'4710222    C2009-941770-7

**Abécédaire Québec en photos**
© Martine Doyon (photos) et Catherine Germain (texte)
© Les Éditions Héritage inc. 2009
**Tous droits réservés**

Direction éditoriale : Catherine Germain
Révision et correction : Danielle Patenaude

Dépôt légal : 2e trimestre 2010
Bibliothèque et Archives du Québec
Bibliothèque nationale du Canada

**Dominique et compagnie**
300, rue Arran, Saint-Lambert (Québec) J4R 1K5
Téléphone : 514 875-0327 ; Télécopieur : 450 672-5448
Courriel : dominiqueetcompagnie@editionsheritage.com
www.dominiqueetcompagnie.com

Nous remercions le Conseil des Arts du Canada de l'aide accordée à notre programme de publication.

Nous reconnaissons l'aide financière du gouvernement du Canada par l'entremise du Programme d'aide au développement de l'industrie de l'édition (PADIÉ) pour nos activités d'édition.

Nous reconnaissons l'aide financière du gouvernement du Québec par l'entremise du Programme de crédit d'impôt pour l'édition de livres — SODEC — et du Programme d'aide aux entreprises du livre et de l'édition spécialisée.

Imprimé en Chine

Page couverture : Fontaine de Tourny, Mathurin Moreau
*Rêver le nouveau monde*, Michel Goulet (chaises)

Page L (lampadaire) : *Restauration du quotidien*, Franck Bragigand

**Martine Doyon**, photographe, remercie tous les adultes et tous les enfants qui ont participé généreusement à ce livre, et en particulier : Simone, Madeleine, Benjamin, Adam, Margot, Soledad et Ysé. Un merci tout spécial à Valérie, mon assistante, et à Sarla, Estelle et Denis.